μικρό ουράνιο τόξο

ΧΡΩΜΑΤΑ ΠΙΓΚΟΥΙΝΩΝ

Παρουσιάζοντας τα χρώματα στα παιδιά

από το RAINBOW ROY

μικρό ουράνιο τόξο

ΧΡΩΜΑΤΑ ΠΙΓΚΟΥΙΝΩΝ

Παρουσιάζοντας τα χρώματα στα παιδιά
από το RAINBOW ROY

Το ουράνιο τόξο είναι γεμάτο με όλα τα είδη των χρωμάτων.

Μαζί, θα εξερευνήσουμε τα χρώματα και θα μάθουμε επίσης για τους πιγκουίνους.

TO KOKKINO

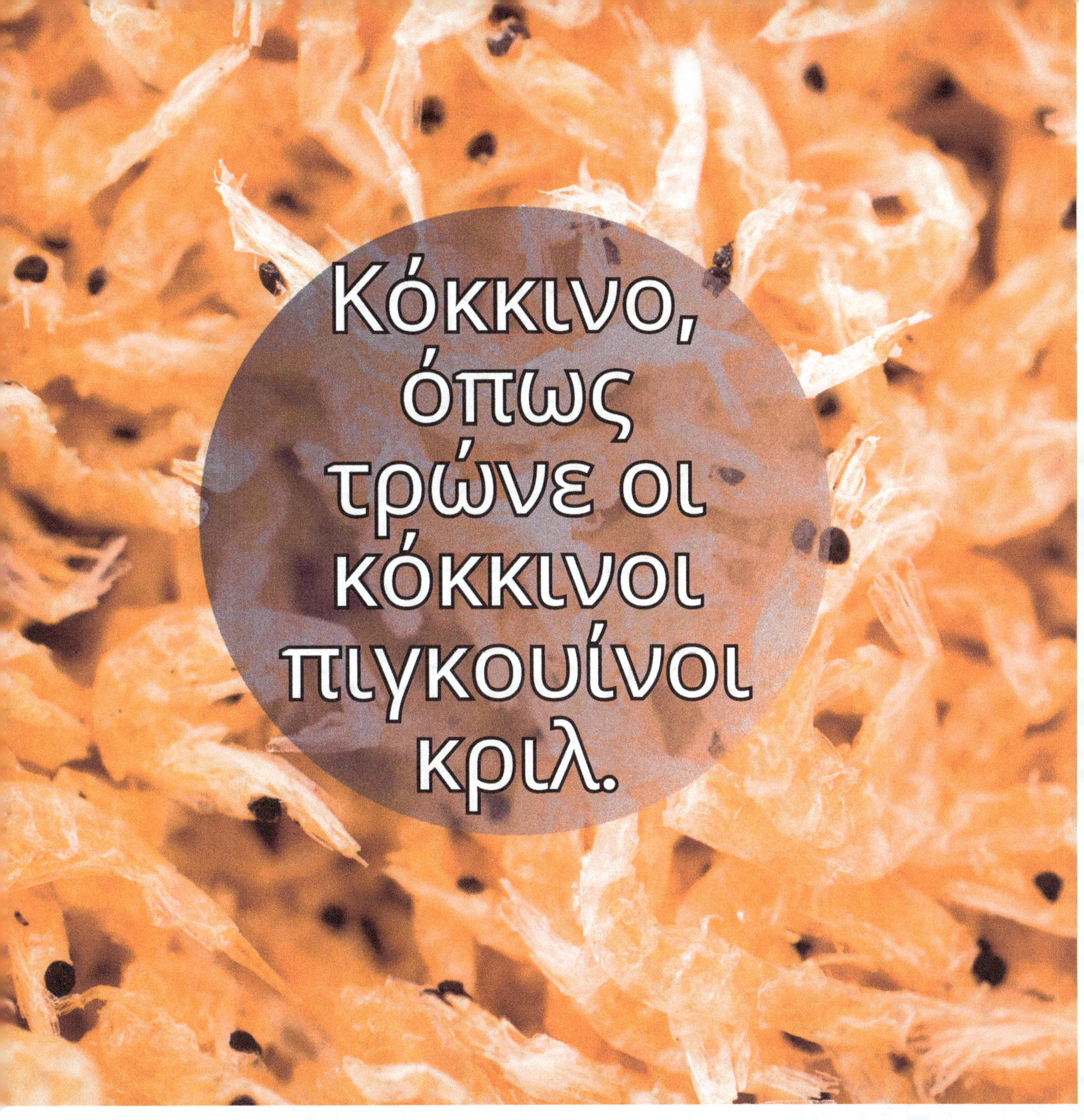

Κόκκινο, όπως τρώνε οι κόκκινοι πιγκουίνοι κριλ.

πορτοκάλι

Πορτοκαλί, σαν
το ράμφος ενός
πιγκουίνου.

κίτρινος

Κίτρινο, όπως τα φρύδια ενός πιγκουίνου Rockhopper.

πράσινος

Πράσινο, όπως κολυμπούν οι πιγκουίνοι με φύκια.

μπλε

Μπλε, όπως
ο Μικρός
Μπλε
Πιγκουίνος.

ινδικό

και

μωβ

Indigo και μωβ,
όπως το
Southern Lights.

Τώρα, ας δούμε μερικά άλλα χρώματα, έξω από το ουράνιο τόξο!

POZ

Ροζ, σαν ροζ φύκια
στα οποία
κολυμπούν
κάποιοι
πιγκουίνοι.

КАФЕ

Μπράουν, σαν μωρό βασιλιά πιγκουίνο.

άσπρο

Λευκό, σαν την κοιλιά ενός πιγκουίνου.

μαύρος

Μαύρο, σαν την πλάτη ενός πιγκουίνου.

γκρί

Γκρι, σαν μωρό αυτοκράτορα πιγκουίνος.

Τώρα, ας δούμε τι μάθατε!

Τι χρώμα είναι αυτός ο πιγκουίνος;

Αυτός ο πιγκουίνος
είναι μαύρος,
άσπρος, κίτρινος
και πορτοκαλί.

Τι χρώμα είναι αυτοί οι πιγκουίνοι.

Αυτοί οι πιγκουίνοι είναι γκρι. Είναι επίσης ασπρόμαυρα.

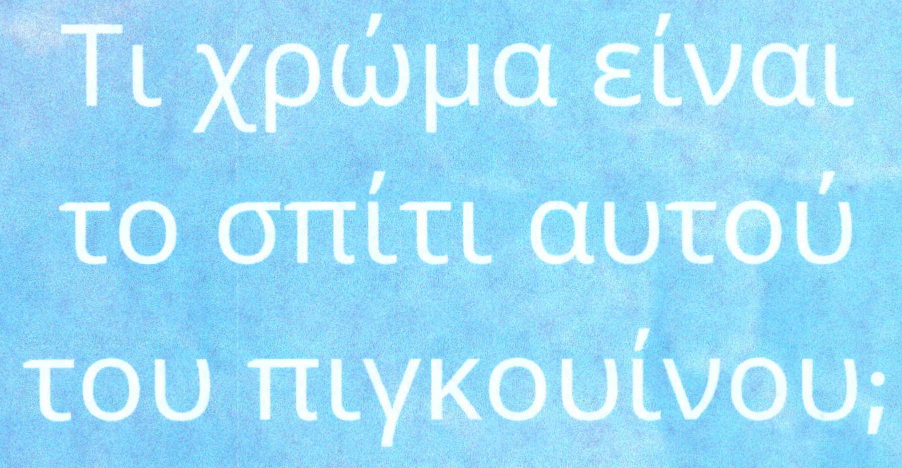

Τι χρώμα είναι
το σπίτι αυτού
του πιγκουίνου;

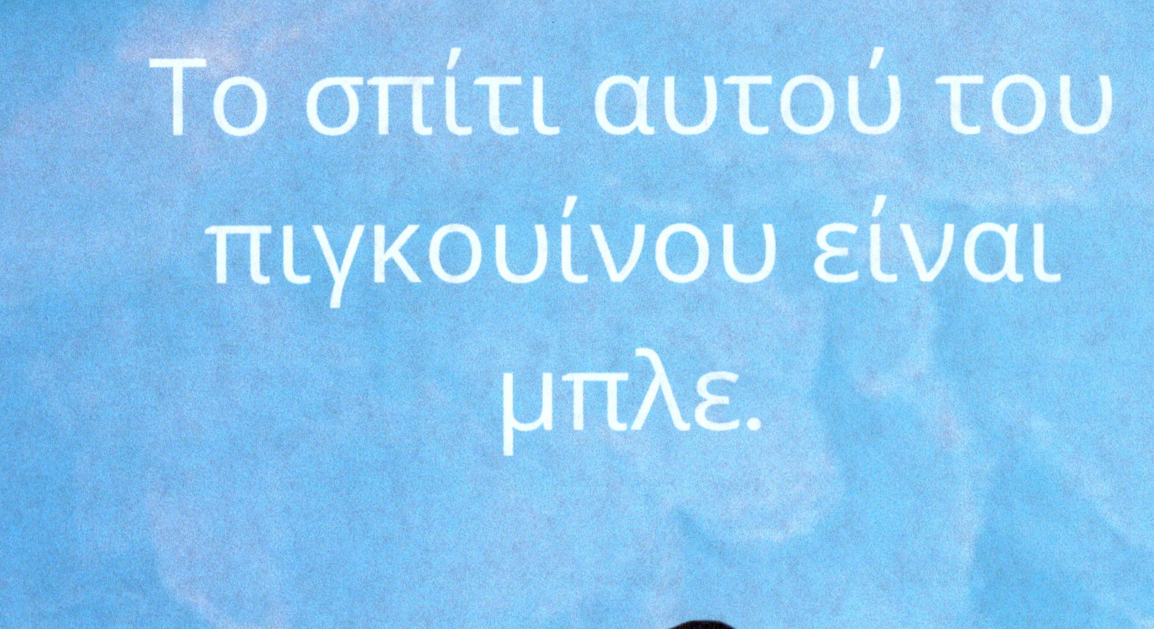

Το σπίτι αυτού του πιγκουίνου είναι μπλε.

Τι χρώμα είναι
τα πόδια αυτού
του πιγκουίνου;

Τα πόδια αυτού
του πιγκουίνου
είναι πορτοκαλί.

Είσαι τόσο έξυπνος!
Συνεχίστε πάντα να
μαθαίνετε και μην
ξεχνάτε ποτέ την αγάπη
σας για τη μάθηση.